AF610705

Art et Histoire militaires.

ANALYSE

DU MÉMOIRE DE M. LE COLONEL JONES

SUR

LA DÉFENSE DE LISBONNE EN 1810,

SUIVIE DE CONSIDÉRATIONS HISTORIQUES

SUR

LA DÉFENSE DE PARIS EN 1814 ET 1815.

EXTRAIT DU SPECTATEUR MILITAIRE

80e LIVRAISON. — 15 NOVEMBRE 1832.

PARIS.

CHEZ M. NOIROT, DIRECTEUR-GÉRANT,

RUE ET PASSAGE DAUPHINE, N° 36,

ET CHEZ ANSELIN, LIBRAIRE, RUE DAUPHINE, N° 9.

1832.

AVERTISSEMENT DE L'ÉDITEUR.

L'article suivant a paru dans le *Moniteur* du 23 septembre dernier, mais réduit aux proportions de cette feuille. Nous le réimprimons, en rétablissant les passages que l'auteur avait retranchés. Ces passages renferment des détails historiques que le *Spectateur* doit recueillir comme matériaux de notre histoire militaire.

Notre recueil contient déjà un extrait du mémoire de M. le colonel Jones. L'auteur de cette analyse cite cet extrait, y renvoie pour les détails et se renferme dans les généralités du sujet. Les deux articles se lient et se suppléent sans double emploi.

Notre dernier numéro renferme un article *sur la fortification de Paris*, dans lequel l'auteur prouve fort bien que l'on doit, quand le temps et les ressources du pays le permettent, protéger les capitales par des *fortifications permanentes*. L'article que nous réimprimons, bien qu'il ait paru le premier, peut être considéré comme la suite et le complément de l'article du général ***. En effet il tend à prouver qu'en certains cas les *fortifications de campagne* peuvent suppléer, pour la défense des capitales, aux fortifications permanentes, toutefois en prenant Vauban pour guide.

L'auteur fait voir, non par des théories susceptibles de discussion, mais par des faits historiques, que ces fortifications passagères suffisent, soit pour donner à l'armée qui tient la campagne le temps de secourir la capitale, soit pour offrir à une armée battue et en désordre, un camp retranché où elle peut se rallier et se réorganiser.

Ces faits historiques ont été la plupart recueillis par l'auteur de cette analyse (M. Allent), à l'époque où il était officier supérieur du génie, membre du comité des fortifications et du conseil de défense, chef d'état-major de la garde nationale de Paris et chargé des reconnaissances militaires autour de la capitale.

Il n'est d'ailleurs aucun de ces faits qui ne soit justifié par des pièces officielles, que l'auteur cite, et qu'il possède ou qui se trouvent, soit au dépôt de la guerre, soit au dépôt des fortifications.

Art et Histoire militaires.

ANALYSE

DU MÉMOIRE DE M. LE COLONEL JONES SUR LES LIGNES DE TORRÈS-VÉDRAS, ÉLEVÉES POUR COUVRIR LISBONNE EN 1810 (1),

SUIVIE

DE CONSIDÉRATIONS HISTORIQUES SUR LA DÉFENSE DE PARIS EN 1814 ET 1815.

---

§ 1. — *Des lignes de Lisbonne.*

Lorsque la guerre civile et de famille qui divise le Portugal peut offrir, dans la défense de Lisbonne ou de Porto, celle d'une capitale ou d'un point de débarquement (2), il est curieux de voir comment les Anglais, en

(1) Traduit de l'anglais par M. Gosselin, archiviste du dépôt des fortifications. Paris, chez Anselin, rue Dauphine, n° 9, in-8°, avec cartes et planches.

(2) Ceci était écrit avant l'attaque de Porto, qui justifie cette prévision.

protégeant par des lignes cette même capitale et leur port de rembarquement, ont conservé ce point d'appui où M. Canning avait placé le levier qui devait arracher Napoléon de la péninsule (1). Cet intérêt devient plus grand à une époque où nous fortifions Lyon et Paris, où nous avons à protéger en Afrique et en Grèce des points de débarquement; où le sultan, averti par l'invasion des Russes et par la défection de l'Egypte, songe, dit-on, à réunir pour la défense de Constantinople toutes les ressources de la civilisation.

Des officiers d'état-major et du génie, distingués par leurs talens et leurs services, ont analysé l'ouvrage de M. le colonel Jones, dans ses rapports avec l'art militaire et la science de l'ingénieur. Nous ne pouvons mieux faire que de renvoyer, sous ce point de vue, aux articles qu'ils ont insérés en des recueils utiles aux progrès des sciences. (2)

Mais cet ouvrage n'est pas seulement un livre de guerre; il renferme, sur les points où la guerre touche à la politique, des particularités historiques ou des considérations qui intéressent l'homme d'état, et qui peuvent offrir à toutes les classes de lecteurs un sujet d'étude et de méditation. C'est principalement sous cet aspect que nous essaierons de le faire connaître, en nous attachant aux faits historiques, et surtout aux résultats d'expérience que l'auteur déduit des défenses comparées de Lisbonne, Dresde et Paris.

A la fin de 1809, lord Wellington se trouvait réduit

(1) Discours prononcé par M. Canning à Lisbonne, en 1814, et inséré dans tous les journaux anglais de cette époque.

(2) *Bulletin universel des sciences*, par M. de Férussac; cahier d'août 1830, section 8; *Spectateur militaire*, 15 juin 1832; *Journal des sciences militaires*, avril, 1832.

à la défensive, et l'empereur Napoléon annonçait hautement le projet d'envahir le Portugal avec des forces capables de détruire l'armée anglaise, ou de la contraindre à remonter sur ses vaisseaux. Ce fut pour résister à cette invasion, et pour assurer sa retraite en cas de revers, que lord Wellington fit construire, en avant de Lisbonne, les doubles lignes de Torrès-Védras et de Maffra, retrancher cette capitale, et fortifier Saint-Julien, son port de rembarquement.

Le site des lignes de Torrès-Védras et de Maffra (1) est facile à caractériser : c'est celui d'une péninsule montueuse qui s'élève entre la mer et l'embouchure d'un grand fleuve. La chaîne de montagnes qui limite au nord le bassin du Tage, aboutit au mont Agraça, d'où se détachent des contreforts plus ou moins sinueux et abruptes qui séparent les bassins des affluens du fleuve, et ceux des rivières ou ruisseaux maritimes dont les eaux tombent dans l'Océan. Ces contreforts ainsi adossés à la chaîne centrale, forment des retranchemens naturels auxquels les vallons servent de fossés, et dont les extrémités s'appuient au Tage et à la mer.

C'est en choisissant les contreforts, où l'art avait le moins à faire pour compléter les obstacles naturels, que les Anglais ont formé les lignes de Torrès-Védras et celles de Maffra. La droite de ces lignes s'appuyait au Tage, en aval des points où il est guéable, et leur gauche, à la mer, dont les rives sont escarpées, et dont les Anglais d'ailleurs étaient maîtres. On ne pouvait les aborder que de front, où elles opposaient à l'assaillant des escarpemens naturels ou artificiels ; des inondations, et

(1) Ces lignes ont été ainsi appelées, du nom des villes principales qui s'y trouvent situées et retranchées.

dans les intervalles, une ou plusieurs lignes de forts et de redoutes. Des postes de signaux, des télégraphes à main, et des routes militaires, diminuaient les inconvéniens de l'étendue sur des lignes qui occupaient un intervalle de sept lieues. Les ouvrages exigeaient pour leur défense deux cent cinquante bouches à feu et près de trente mille hommes : mais ces garnisons étaient fournies par les milices portugaises, et l'armée anglaise devait rester entière et libre de ses mouvemens.

En arrière des lignes de Torrès-Védras et de Maffra, le port de Saint-Julien était défendu par le fort de ce nom, et par des ouvrages extérieurs, espèce de camp retranché avec réduit, où l'arrière-garde pouvait protéger la retraite et le rembarquement de l'armée.

Mais il importait que la résistance de Lisbonne favorisât le rembarquement : on mit cette capitale à l'abri d'un coup de main, en profitant du château, des couvens et des maisons solides et grillées qui occupaient les points dominans et les principales issues, que les habitans fermèrent par des barrières et des traverses ou barricades.

Tel était, à la droite du Tage, le système de défense: à la gauche du fleuve, des ouvrages de moindre importance défendaient le port de Sétuval, couvraient la flotte et protégeaient Lisbonne contre un bombardement.

Ce vaste appareil était à peine ébauché, lorsque s'ouvrit la campagne de 1810. Mais le siège d'Almeida retint l'armée française jusqu'à la fin du mois d'août. A Busaco, Wellington, attaqué par de fortes colonnes, mais qui n'avaient point d'artillerie, obtint, par sa résistance, l'avantage d'effectuer sa retraite avec un ordre et une lenteur favorables à la discipline des troupes et à l'achèvement des lignes. Ce ne fut que le 8 octobre qu'il vint occuper celles de Torrès-Védras.

Dans le système primitif, la principale ligne de défense était celle de Maffra, et l'on ne devait occuper que comme des postes avancés les points de Torrès-Védras et du mont Agraça. Mais au 8 octobre, les pluies d'automne rendaient impraticable la vallée de la Zizandra entre le mont Agraça et la mer, et l'on avait fortifié l'intervalle entre ce mont et le fleuve, pour couvrir la gauche, c'est-à-dire le point faible des lignes de Maffra. Lord Wellington reconnut qu'il ne restait à fermer qu'un espace de peu d'étendue entre le mont Agraça et le point où la Zizandra n'était plus guéable. Il se hâta de le fortifier, et résolut d'attendre, dans cette première position, les attaques de l'armée française.

Masséna, les 11 et 16 octobre, prit, perdit et reprit le poste avancé de Sobral, sous le mont Agraça, concentra ses forces, fit reconnaître et reconnut lui-même les doubles lignes de Torrès-Védras et de Maffra. Il se trouva trop faible pour attaquer, entre ces lignes, l'armée anglaise, concentrée, libre de tous ses mouvemens, et protégée par l'artillerie des forts et redoutes qui couronnaient les hauteurs. Il résolut d'attendre des renforts, et ne s'occupa plus que du problème, non moins difficile, de faire subsister son armée. Mais la disette et les maladies l'obligèrent, le 14 novembre, à prendre des cantonnemens derrière le Rio-Major. Il y resta jusqu'au mois de mars 1811, époque à laquelle d'autres combinaisons déterminèrent la retraite de l'armée.

Telle est en peu de mots l'histoire des lignes de Torès-Védras et de Maffra. Elles ont eu la plus grande influence sur les évènemens militaires et politiques; mais ce n'est pas comme l'auteur paraît le croire, en affaiblissant la réputation des armées françaises : ce fut en permettant à l'armée anglaise de rester sur la péninsule, et d'y attendre l'occasion de reprendre l'offensive, occasion que Napoléon lui offrit quand il retira ses troupes de l'Espagne, pour la guerre de Russie.

C'est le seul résultat de cette grande expérience qu'on puisse établir d'une manière incontestable, puisque l'armée anglaise n'a point été attaquée. On ne peut décider que par conjecture de ce qui serait arrivé, si Masséna avait pu l'aborder quand ces lignes étaient imparfaites, lorsque la Zizandra était partout guéable, après une déroute de l'armée anglaise, dans le mouvement d'une population, dont la terreur panique eût influé sur le moral des troupes. Qui sait même, en octobre 1810, qu'elle eût été l'issue d'une bataille, si Masséna plus fort ou plus confiant en ses forces, eût attaqué de suite Wellington avec la majeure partie de ses troupes, tandis qu'un ou plusieurs corps eussent pénétré sur d'autres points de la ligne, et menacé les flancs de l'armée anglaise, ou sa ligne de rembarquement?

Mais ce qui est indépendant des évènemens, ce qu'il faudrait louer même après un revers, c'est le choix du site, dont la force rachetait l'étendue; c'est la judicieuse combinaison des ouvrages qui n'étaient que le supplément des obstacles naturels, n'exigeaient pour leur défense ou leur action que du canon et des milices, et laissaient à l'armée toute sa force et toute sa mobilité.

Dans l'exposition de ce système, M. le colonel Jones insiste avec raison sur cette propriété. Ses observations générales sur les lignes qui couvraient Lisbonne, établissent les justes rapports de la fortification avec la tactique. Il y présente dans ses véritables caractères, la science de l'ingénieur : « Auxiliaire important, mais soumis invariablement aux combinaisons stratégiques; créant des pivots et des appuis, mais ne liant et ne restreignant jamais les opérations militaires. » C'est avec non moins de sagacité qu'il établit que les lignes, alors même qu'elles sont composées d'ouvrages fermés, et qui ont chacun leur garnison et leur artillerie, ne peuvent opposer qu'une faible résistance; qu'elles doivent leur force et leur vie, pour ainsi dire, au corps qu'elles ont pour but de protéger; et que le succès de la défense dépend de la vigilance et des bonnes dispositions du général, et dans l'exécution, des mouvemens justes et rapides de l'armée. C'est ainsi que Vauban (1) et D'Arçon (2) entendirent la fortification, et l'assiette même des places de guerre. C'est en ce sens que Napoléon disait, dans un passage que cite le traducteur : « On a demandé dans le dernier siècle, si les fortifications étaient de quelque utilité? Il est des souverains qui les ont jugées inutiles, et qui en conséquence ont demantelé leurs places. Quant à moi, je renverserais la question, et je demanderais s'il est possible de combiner la guerre sans des places fortes? et je déclare que non. Sans des places de dépôt, on ne peut pas établir de bons plans de campagne; et sans des *places* que j'appelle *de campagne*, c'est-à-dire à l'abri des hussards et des partis, on ne peut faire la guerre offensive. »

Ce n'est pas le seul passage du livre où M. le colonel Jones se montre supérieur aux combinaisons techniques de l'ingénieur. Dans ses observations sur les lignes et les positions retranchées en général, il prend pour épigraphe et commente avec talent cette maxime de Napo-

(1) Voyez les mémoires manuscrits de Vauban sur les frontières, et l'analyse de ces mémoires dans l'*Histoire du corps du génie*.

(2) Voyez ses *Considérations militaires et politiques sur les fortifications*, imprimées en l'an III, par ordre du gouvernement.

léon : « Ceux qui proscrivent les lignes et tous les secours que l'art de l'ingénieur peut donner, se privent gratuitement d'une force et d'un moyen auxiliaires jamais nuisibles, presque toujours utiles et souvent indispensables. » — « Les fortifications de campagne, dit-il ailleurs, sont toujours utiles, jamais nuisibles, lorsqu'elles sont bien entendues. » Mais il ajoute : « Les principes des fortifications de campagne ont besoin d'être perfectionnés : cette partie de la guerre est susceptible de faire de grands progrès. » M. le colonel Jones cherche avec raison ces principes et ces progrès dans le résultat de l'expérience : « Napoléon, dit-il, pratiquait ses maximes, quand, au point du jour d'hiver où il livra la bataille d'Austerlitz, il restait à pied sur le retranchement de Santon, soutenant par sa présence le zèle des travailleurs. Dans les journées de Ligny et de Waterloo, ce grand capitaine éprouva l'influence de simples postes occupés par l'ennemi sur le front de bataille. » A ces exemples, M. le colonel Jones réunit ceux que lui fournissent les journées de Donawerth, de Bleinhem, de Malplaquet, de Pultawa, de Fontenoy, de Borodino, et surtout l'attaque de Dresde, où de faibles retranchemens de campagne firent échouer l'attaque d'une grande armée. (1)

L'auteur, dans un autre passage, envisage sous un point de vue différent et du plus haut intérêt, cette défense et celle des capitales, de ces villes dont la résistance ou la chute influent sur le salut des armées et sur le destin des empires. « Lorsqu'une armée, dit-il, est destinée à couvrir une capitale, il est indispensable

(1) M. le colonel Jones aurait pu citer comme exemple contraire la reddition de Soissons, en 1814, qui sauva Blücker, acculé à l'Aisne par les armées de Napoléon.

pour qu'elle puisse conserver toute la latitude nécessaire à ses mouvemens, que la ville soit susceptible de résister pendant quelques jours, si elle se trouve abandonnée à elle-même. On pourrait citer une foule de faits à l'appui de cette assertion : deux exemples récens et bien connus suffisent pour le justifier. En 1813, par sa prévoyance et l'activité avec laquelle des ouvrages avaient été établis sur les bords de l'Elbe, Napoléon conserva Dresde attaqué pendant une de ses manœuvres, et en 1814, il perdit Paris pendant une manœuvre semblable, pour n'avoir pas bien fortifié cette capitale. »

M. le colonel Jones paraît ignorer, et même en France on ne sait guère que la première pensée de Napoléon, à la fin de 1813, fut de fortifier Paris et les hauteurs qui l'environnent par des ouvrages susceptibles d'une résistance de plusieurs jours, et que des considérations politiques lui firent abandonner ce projet, pour se borner aux palissades qui défendaient seules les barrières de Paris dans la bataille du 30 mars 1814.

Il suffirait, sur ce point, de renvoyer aux mémoires sur la campagne de 1814 que M. Kock, officier supérieur d'état-major, a publiés d'après les documens officiels, avec autant de talent que d'exactitude et d'impartialité. (1)

Mais, dans les mémoires de M. Kock, ces documens ne sont indiqués qu'en masse et par les titres des manuscrits placés à la suite de la préface (2). Les faits n'y sont pas justifiés en détail, et par des notes au bas des

(1) *Mémoires pour servir à l'histoire de la campagne de* 1814, par F. Kock, chef de bataillon d'état-major. 3 vol. in-8, avec atlas, 1819, chez Anselin.

(2) Nomenclature des matériaux inédits ou imprimés qui ont servi à la rédaction de ces mémoires, pages XV-XXVI, tome 1er de l'ouvrage précité.

pages. Cette cause et quelques autres ont fait commettre aux auteurs de mémoires plus récens des erreurs graves sur les choses et sur les personnes.

Ces considérations nous déterminent à résumer ici les faits relatifs à la défense de Paris en 1814, et à citer pour chaque fait les documens historiques qui le justifient.

§ 2. — *De la défense de Paris en* 1814.

Une note de l'empereur, lue au comité de défense (1) le 27 décembre 1813, contenait ces passages remarquables :

« Il faut avoir à Paris trente ou quarante mille hommes indépendamment des gardes nationales, afin que l'armée puisse agir sur les flancs de l'ennemi sans dégarnir Paris et que la tranquillité de la capitale ne soit pas troublée.

« Il faudrait bien désigner toutes les hauteurs des environs de Paris qu'il faudrait occuper, les espèces d'ouvrages qu'il faudrait faire pour les occuper, et ne laisser aucune position où l'ennemi puisse s'établir.

« Cela doit être secret. » (2)

Le comité de défense chargea de suite un de ses mem-

(1) Le *comité de défense de l'empire* venait d'être organisé d'après les instructions données, le 26 décembre 1813, par le ministre de la guerre, en vertu des ordres de l'empereur. Il était composé des généraux du génie Dejean, Chasseloup et Bertrand. M. le colonel Decaux, chef de la division du génie, y fut adjoint et plus spécialement chargé des rapports du comité avec le ministre. M. Allent y fut appelé comme membre du comité des fortifications et de la section de la guerre au conseil d'état. (Notes historiques, pièces justificatives n°s 2, 4 et suiv. Manuscrit in-folio.)

(2) Notes historiques, pièce justificative n° 4. Archives du dépôt des fortifications.

bres (M. Allent) de reconnaître ces hauteurs. Du 28 décembre 1813 au 10 janvier 1814, cet officier supérieur parcourut les positions que l'ennemi occuperait si Paris n'était pas fortifié, et les points à fortifier pour l'éloigner de ces positions.

Dans un rapport du 12 janvier 1814 (1), il déduisit de la marche probable d'une armée ennemie les bases d'un projet qu'on peut réduire à deux idées fondamentales. La première consistait à barricader Paris et les faubourgs ou villages qui touchent aux boulevards extérieurs, et qu'on liait au mur d'octroi : la défense de cette vaste enceinte devait être confiée à la garde nationale, dans laquelle on eût incorporé les habitans des faubourgs et villages qu'elle enveloppait. La seconde idée consistait à développer en avant des faubourgs et villages retranchés, et sur les hauteurs intermédiaires, une ligne de redoutes défendues par l'artillerie et la troupe de ligne : c'était le camp retranché du corps destiné à protéger la capitale. Le comité de défense adopta ces idées, et fit placer les redoutes sur la carte des chasses (2). Cette carte, le rapport de reconnaissance et l'avis du comité, furent mis sous les yeux de Napoléon. Mais il craignit l'effet moral que cet appareil de défense produirait sur les Parisiens, sur la France et en Europe.

Les vues du grand capitaine cédèrent à la politique

(1) *Rapport sur les hauteurs et les points à occuper pour la défense immédiate de Paris.* Extrait de la reconnaissance générale des hauteurs à occuper autour de Paris, faite en exécution de la note de l'empereur, du 27 décembre 1813. Notes historiques, pièce justificative n° 23. Archives du dépôt des fortifications.

(2) *Résumé des séances du comité de défense tenues les 12 et 13 janvier 1814.* Notes historiques précitées, pièces justificatives n°s 25 et 26. Archives du dépôt des fortifications.

de l'empereur. Dans une note du 14 janvier, que nous avons sous les yeux, il rejette le projet, non comme mauvais en lui-même, mais comme inadmissible, et il ajoute : « Il faut se contenter d'avoir des moyens tout prêts pour qu'en trois jours on puisse fermer les barrières ». Dans le reste de la note, il développe un dispo sitif contre la cavalerie : ce sont, pour l'enceinte de Paris, les barrières et les palissades qu'on a exécutées. Au-delà de l'enceinte, l'empereur se borna à prescrire les dispositions suivantes :

« Il y a des faubourgs qu'on pourra aussi barricader.

« Il faudrait reconnaître sur les hauteurs les maisons à occuper, et créneler contre la cavalerie, par exemple, l'abbaye de Montmartre. » (1)

Le comité de défense s'occupa dès le même jour des mesures à prendre pour les fermetures de Paris. Le baron Costaz, directeur général des ponts-et-chaussées, fut appelé à la séance : car l'empereur, pour éviter l'éclat, avait voulu que les barrières et palissades fussent exécutées par les ingénieurs des ponts-et-chaussées, et le comité de défense pensa « qu'il serait plus facile de dissimuler le but de ces travaux, si la somme qu'ils exigeaient était mise à la disposition du ministre de l'intérieur. » (2)

C'était un peu le secret de la comédie, et le comité de défense, présumant que l'éclat inévitable de ces travaux ramenerait l'empereur à ses premières idées, entendit et discuta, dans les séances des 14 et 15 janvier, un rapport demandé par le prince de Neuchâtel sur le projet fait en 1792 pour la défense de Paris. Ce projet consistait

(1) Note dictée par l'empereur, le 14 janvier 1814. — Notes historiques, pièce justificative n° 28.

(2) *Résumé de la séance du comité de défense*, tenue le 14 janvier 1813. *Ibid.*, pièce justificative n° 29.

dans une ligne de retranchemens développés sur les hauteurs à la droite de la Marne et de la Seine, depuis Nogent-sur-Marne jusqu'à Saint-Ouen : on fortifiait comme postes avancés Saint-Denis et Pontoise. On retranchait, entre Seine-et-Marne, Villeneuve-Saint-George. A Corbeil, un camp retranché enveloppait la portion de la ville et les hauteurs situées sur la rive droite de la Seine. L'auteur du rapport (M. Allent) comparait ce système au projet rédigé d'après la note impériale du 27 décembre 1813, et insistait sur la nécessité de donner à Paris une défense immédiate et solide sur les deux rives de la Seine. (1)

Mais la raison politique continua de l'emporter sur les vues militaires. L'empereur venait de créer la garde nationale de Paris (2), et s'en était réservé le commandement en chef (3); le maréchal Moncey la commandait sous lui, avec le titre de major-général. L'empereur y attacha des corps d'artillerie et du génie. Il composa ce dernier corps de tous les ingénieurs des ponts-et-chaussées qui étaient chargés de la construction des barrières et palissademens: seulement il le plaça sous la direction d'un membre du comité de défense (le général Chasseloup) (4); nomma chef de l'état-major de la garde na-

(1) *Rapport fait au comité de défense les 14 et 15 janvier* 1814 : 1° sur le projet fait en 1792 pour la défense de Paris; 2° sur le camp de Soissons en 1792; 3° sur les meilleures positions défensives à prendre pour couvrir Paris. — *Ibid.*, pièce justificative n° 27.

(2) Décret du 8 janvier 1814, art. 1er.

(3) *Ibid.*, art. 2.

(4) Après le départ du général Chasseloup pour l'armée, le général Dejean prit la direction des travaux (ordre du jour de la garde nationale du 7 février 1814). — Matériaux historiques, tome II. — Ordres du jour imprimés.

tionale un autre membre du comité (M. Allent), et le chargea de l'organiser pour la défense comme pour la sûreté intérieure de la capitale. (1)

Dans la soirée du 24 janvier, l'empereur, prêt à partir pour l'armée, fit appeler le chef d'état-major de la garde nationale, et lui dicta des instructions particulières. Dans cette note, l'empereur développe la situation de Paris, d'après la position et les mouvemens des armées. Il y indique les mesures et les travaux propres à tenir l'ennemi éloigné; mais il se borne, pour la défense immédiate de la capitale, au système des barrières et palissademens. (2)

On continua donc ces travaux. A l'extérieur, les ponts de Saint-Maur, de Charenton et de Neuilly, furent couverts par des tambours en charpente. Mais les hauteurs et les faubourgs avancés restèrent sans défense.

Cependant les marches réitérées de Blücher sur Paris avertissaient qu'on pouvait avoir à s'y défendre contre un corps d'armée. Dans une reconnaissance des travaux, les officiers-généraux se récrièrent sur l'insuffisance des barrières et des palissades contre une attaque de cette espèce, et leurs observations firent une vive impression sur le roi, lieutenant-général. Il consulta le chef d'état-major de la garde nationale qui lui proposa de reprendre, en le simplifiant, le projet rejeté par la note du 14 janvier.

D'après un ordre du roi, le comité des fortifications revit et simplifia le projet adopté le 12 janvier par le comité de défense, et, dans un avis du 14 mars, proposa

(1) Décision de l'empereur du 22 janvier, mise le 25 à l'ordre du jour de la garde nationale. — *Ibid.*, ordres du jour imprimés.

(2) Notes historiques, pièces justificatives n° 37, 37 *bis* et 37 *ter*.

un système de défense qui pouvait être exécuté avant la fin du mois, et donner à Paris quelques jours de résistance. (1)

Mais l'empereur n'avait pas accoutumé son frère à prendre sur lui la responsabilité des mesures décisives. Le roi Joseph n'osa ordonner l'exécution de ce projet; il le transmit à l'empereur.

Les évènemens se pressaient. Après les journées d'Arcis-sur-Aube (20 et 21 mars), Napoléon trop faible pour lutter de front contre les masses réunies des alliés, résolut d'opérer sur leurs derrières. Paris n'était plus couvert que par le corps des maréchaux, ducs de Raguse et de Trevise. Dans cet état même où il n'y avait pas un instant à perdre, le roi Joseph crut devoir encore attendre les ordres de l'empereur pour faire exécuter le projet adopté, le 14 mars, par le comité des fortifications. Seulement, le 23 mars, il invite le général Dejean « à faire tracer de suite les ouvrages et à tout disposer pour que les ateliers soient prêts, et puissent mettre la main à l'œuvre au premier ordre. » Cette exécution, dit-il ailleurs, commencera dès que l'empereur aura approuvé le plan de projet qui est sous ses yeux. (2) »

Mais en même temps, le roi Joseph prescrivit d'exécuter les travaux et les mesures qui s'accordaient avec

(1) Ce projet est aux archives du dépôt des fortifications. Le dossier comprend les pièces suivantes :

1° Avis du comité des fortifications du 14 mars 1814;

2° Plan de Paris et des environs, relatif aux ouvrages proposés;

3° Légende des différens ouvrages proposés, classés suivant leur urgence relative;

4° Profils des principaux ouvrages à exécuter.

(2) Notes historiques, pièce justificative n° 46.—Lettre du roi Joseph, du 23 mars 1814.

le système adopté par l'empereur dans sa note du 14 mars et confirmé dans ses instructions du 24. Il autorise le général Dejean à faire de suite barricader et créneler les villages et faubourgs extérieurs, et lui ouvre pour ces travaux, un premier crédit de 15,000 francs sur la *taxe de défense* qu'imposait un décret rendu le 15 mars par l'impératrice régente. Le général Hullin commandant la première division militaire, et la place de Paris est chargé d'arrêter, sur le champ, le dispositif des troupes « qui doivent servir à la défense des ouvrages, et à les protéger pendant l'exécution ». Les troupes de ligne seront cantonnées dans les villages et faubourgs extérieurs, considérés comme avant-postes de l'enceinte. Les gardes nationales de ces villages et faubourgs seront organisées en compagnies, et attachées aux légions de la garde parisienne qui doit, à compter du 24, relever la troupe de ligne dans l'intérieur et aux barrières. « Comme il est nécessaire, ajoute le roi, qu'il y ait de suite de l'artillerie placée sur les points principaux des hauteurs, et à la tête des faubourgs, je vous invite à vous assurer des moyens que peut avoir le directeur d'artillerie de Paris, pour faire mettre en position quelques batteries de canon et d'obusiers, en coordonnant de même la position de ces pièces au projet de défense, et à la protection de travaux. » (1)

Ces dispositions, sages mais insuffisantes, révélaient une autorité qui attendait sa direction du dehors, et n'avait pas en elle-même le principe de son action : exécutées d'abord avec lenteur, ensuite avec précipitation, elles se trouvaient imparfaites quand l'ennemi parut devant

(1) Notes historiques, pièce justificative n° 46. — Lettre du roi Joseph, du 23 mars 1814.

Paris, et n'offrirent le 30 mars aucun point d'appui à l'armée qui défendit la capitale.

Mais les barrières et les palissademens de l'enceinte, occupés par la garde nationale, assurèrent pendant la bataille les extrémités des ailes de l'armée, et favorisèrent ses divers efforts, sa rentrée dans Paris, et sa capitulation.

Nous donnerons quelque jour un extrait des rapports officiels sur les services de la garde nationale, dans la journée et dans la nuit du 30 mars (1). Il suffit ici de rappeler qu'après le départ du roi Joseph (2), lorsque la droite des alliés débordant et refoulant sur Montmartre la gauche de notre armée, vint par les chemins de Saint-Denis et de la Révolte, attaquer en force la barrière de Clichy; la garde nationale, sous les ordres du maréchal Moncey, soutint jusqu'à la capitulation l'effort de l'ennemi, recommença le feu, même après l'armistice, contre les troupes légères qui insultaient la

(1) Nous regardons comme un des objets du *Spectateur* de recueillir les documens historiques des actions militaires où la garde nationale agit comme auxiliaire de l'armée et concourt à la défense des places et du territoire, suivant un des buts de son institution, rappelé en tête de la loi qui l'organise.

(2) Ce départ, au sujet duquel les mémoires du temps sont la plupart inexacts, a été déterminé par deux causes :

1° Le général Hullin amena au roi Joseph M. Peyre, ingénieur des sapeurs-pompiers, qui avait été pris la veille à Pantin, et que l'empereur Alexandre renvoyait après lui avoir fait voir que Paris était attaqué par les troupes réunies de la grande armée des alliés et de l'armée de Silésie ;

2° Dans ce même instant, les alliés se dirigeaient par le chemin de la Révolte vers le bois de Boulogne, et leurs troupes légères pouvaient intercepter les routes par où le roi Joseph devait rejoindre à Blois l'impératrice régente.— *Mémoires de Kock*, tome II, pages 462 et 465.

barrière; et ne le cessa qu'en vertu d'une convention qui régla la distance des avant-postes. (1)

Cette résistance et les barricades commencées dans la rue de Clichy, la première, d'après les ordres du maréchal Moncey, et la seconde du propre mouvement des habitans, suffirent pour montrer ce qu'on pouvait attendre de la population, si l'empereur ou son frère eussent fait exécuter un des projets de fortification adoptés le 12 janvier par le comité de défense, et le 14 mars, par le comité des fortifications.

Si l'un ou l'autre de ces projets eût été exécuté, l'empereur serait arrivé à temps pour défendre Paris, donner la bataille, ou attendre que l'ennemi, essayant de passer la Seine, lui offrît l'occasion de le battre en détail. Le rejet d'un de ces projets et l'ajournement de l'autre fit que Napoléon ne se trouva le soir du 30 mars aux portes de Paris que pour assister à l'évacuation de la capitale. On peut voir dans les Mémoires de Kock (2) le récit dramatique de l'entrevue que l'empereur eut à la Cour-de-France avec le général Belliard, et de la discussion qu'éleva sa résolution de venir se mettre à la tête de la garde nationale qui était maîtresse encore de Paris, et n'était pas comprise dans la capitulation de l'armée. (3)

L'état moral de Paris n'était pas favorable à cette résolution; mais on ne peut dire ce qui serait arrivé, si l'ascendant de l'empereur avait déterminé la population

(1) Notes historiques. — *Mémoires de Kock*, tome II, page 505.

(2) *Mémoires de Kock*, tome II, page 561.

(3) L'article 5 de cette capitulation était conçu en ces termes : « La garde nationale ou urbaine est totalement séparée des troupes de ligne : elle sera conservée, désarmée ou licenciée, selon les dispositions des puissances alliées ». — *Mémoires de Kock*, tome II, page 515.

à se barricader et à faire ce genre de guerre pour lequel le grand Condé ne se croyait point assez brave (1). On n'entre et on ne reste pas dans Paris malgré les Parisiens. (2)

Quoi qu'il en soit, Paris était en état de siège, l'enceinte, les barrières, les palissademens restaient intacts, et dans la nuit du 30 au 31 mars, les insultes des Cosaques avaient été repoussées par la garde nationale. Cette garde civique formait seule la garnison de la place, et par cela même que les alliés avaient refusé de la comprendre dans la capitulation des troupes de ligne, elle avait le droit de ne remettre les barrières qu'en vertu d'une convention particulière. Son courage et la résistance que Paris pouvait encore opposer, lui obtinrent les conditions les plus honorables (3). La politique des

(1) « Je ne suis pas assez brave pour m'exposer à une guerre qui se ferait à coups de grés et de tisons ». Ce mot ironique du grand Condé au cardinal de Retz exprimait au fond sa pensée sur ce genre de guerre. Il en avait fait l'épreuve à Paris, et même dans une ville de médiocre grandeur (Agen). — *Mémoires du duc de la Rochefoucauld*, pages 178 et 254, édition de Renouard, in-12, 1817.

(2) Ce mot, qui n'est qu'un résultat d'expérience, a mis un terme aux vexations des Prussiens, qui, dans l'occupation de 1815, poussèrent à bout la population du faubourg Saint-Marceau. Le chef de l'état-major de gardes nationales (M. Allent) chargea M. le colonel d'état-major comte de Chavannat de développer ce résultat d'expérience à M. de Muffling, non comme une menace, mais comme un avertissement. M. de Chavannat le fit avec la mesure et l'esprit qui le caractérisent. Il réussit. Ce n'est pas le seul service qu'ait rendu cet officier supérieur, qui s'est conduit avec courage et dignité en des occasions difficiles; la fatigue et les veilles ont à cette époque altéré sa santé, et il n'a été récompensé de ses services que par l'estime de ses amis.

(3) L'entrée des alliés dans Paris fut suspendue jusqu'au réglement de ces conditions, d'après lesquelles la garde nationale remit ses bar-

alliés influa sans doute sur l'acquiescement de MM. de Nesselrode et de Schwartzenberg et de l'empereur Alexandre aux demandes des préfets et du chef d'état-major de la garde nationale (1). Mais en réduisant à sa juste valeur l'influence qu'eurent sur cet acquiescement les défenses matérielles de Paris; on peut tirer encore de ce fait un argument en faveur du système de Vauban sur la fortification des capitales.

§. 3. — *De la défense de Paris en* 1815. — *Résumé.*

M. le colonel Jones est excusable comme étranger, d'avoir ignoré, sur la défense de Paris en 1814, des détails que nos propres historiens, à l'exception de M. Kock, ont négligé de recueillir. Il nous est moins facile d'expliquer le silence qu'il garde sur les lignes de Paris en 1815.

L'expérience de 1814 n'avait pas été perdue pour Napoléon. Mais au lieu des redoutes proposées en 1814 il adopta ces lignes continues qui saisissaient admirablement le terrein et qui offrirent à l'armée de Waterloo un camp retranché tout prêt et tout armé. Une carte gravée donne le tracé de ces lignes, et ce serait au général

rières avec les honneurs de la guerre, y conserva des postes, et continua de veiller à la sûreté des personnes et des propriétés. — *Mémoires de Kock*, tome II, page 517.

(1) Voyez dans les *Mémoires de Kock* les détails de cette négociation et l'allocution de l'empereur Alexandre qui la termine (tome II, pages 516-520).

L'accord des préfets et du chef d'état-major prévint une difficulté qui n'était pas et n'est pas encore résolue par la législation. La garde nationale, quand elle agit seule, est placée sous la direction de l'autorité civile, et dans l'état de siège, l'autorité civile passe au commandant militaire.

Haxo qu'il appartiendrait d'en écrire l'histoire. On sait que Wellington et Blücker en trouvèrent l'attaque hasardeuse; qu'ils essayèrent de les tourner; que Napoléon et Saint-Cyr proposèrent d'attaquer Blücker au passage de la Seine; que des considérations étrangères à l'art militaire firent perdre cette occasion, et que le combat de Versailles ne servit qu'à honorer, en l'assurant, la retraite de l'armée.

Le système d'ouvrages que le gouvernement fait exécuter en ce moment autour de la capitale diffère à-la fois du projet de 1814 et des lignes de 1815. Le patriotisme, à défaut de prudence, nous interdirait la discussion d'un projet qui n'est pas comme les premiers, dans le domaine de l'histoire. Il nous suffira de faire observer qu'il est une application de principes sur lesquels M. le colonel Jones a trouvé d'accord Bonaparte et Wellington.

Il serait injuste de finir cet article sans dire un mot de la traduction. M. Gosselin s'y montre également familier avec les deux langues et avec l'idiome militaire. On y reconnaît partout l'homme instruit qui mérita, jeune encore, d'être attaché comme archiviste, au dépôt des fortifications, à une époque où l'empereur Napoléon examinait dans les conseils du génie les projets des places de l'Europe, de Travemunde à Venise et du Helder à Santona.

P. A. J. A.

IMPRIMÉ CHEZ PAUL RENOUARD,
RUE GARENCIÈRE, N° 5.

www.ingramcontent.com/pod-product-compliance
Ingram Content Group UK Ltd.
Pitfield, Milton Keynes, MK11 3LW, UK
UKHW020409250726
13967UKWH00006B/2543